A

Ane et Chiens savans.

BABA, ÉLÉPHANT DE MM. FRANCONI

PARIS,
LEDENTU, Libraire, Quai des Augustins, N.º 31,
Passage Feydeau, N.º 28.

LA MÉNAGERIE

SAVANTE.

IMPRIMERIE DE J.-B. IMBERT,
RUE DE LA VIEILLE-MONNAIE, N°. 12.

LA MÉNAGERIE SAVANTE;

ALPHABET

Curieux et instructif,

OU

LEÇONS SYLLABIQUES

De Lecture, d'Intelligence et de Docilité,

MISES A LA PORTÉE DES ENFANS,

Opuscule orné de 25 Sujets gravés en taille douce, avec leur explication en gros caractères variés, la connaissance des Chiffres romains et arabes, quelques Fables, etc.

PARIS,

LEDENTU, Libraire, quai des Augustins, n°. 31, et passage Feydeau, n°. 28.

1818.

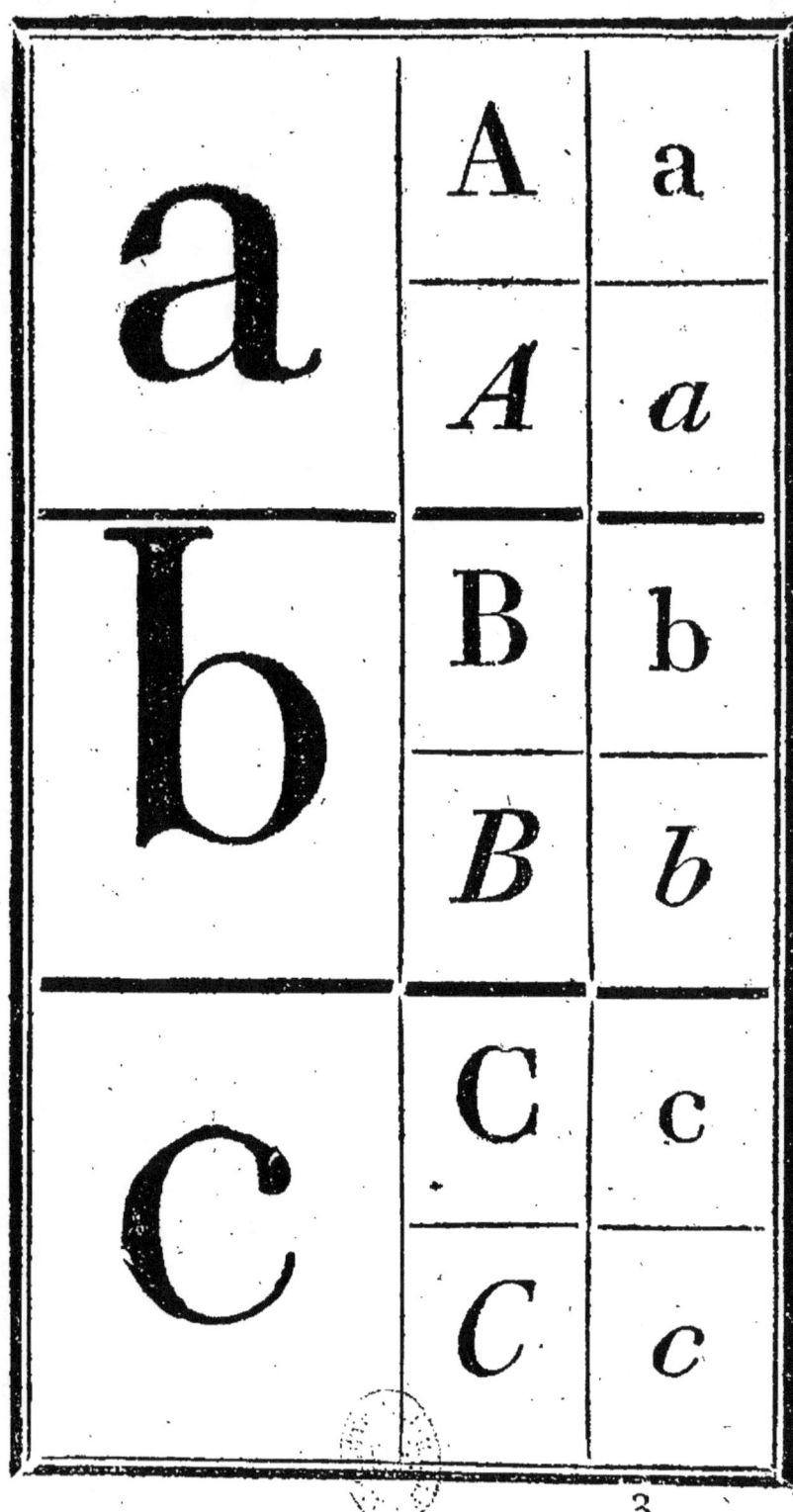

d	D	d
	D	*d*
e	E	e
	E	*e*
f	F	f
	F	*f*

g	G	g
	G	*g*
h	H	h
	H	*h*
ïj	IJ	ij
	IJ	*ij*

4

k	K	k
	K	*k*
l	L	l
	L	*l*
m	M	m
	M	*m*

n	N	n
	N	*n*
o	O	o
	O	*o*
p	P	p
	P	*p*

q	Q	q
	Q	*q*
r	R	r
	R	*r*
S	S	s
	S	*s*

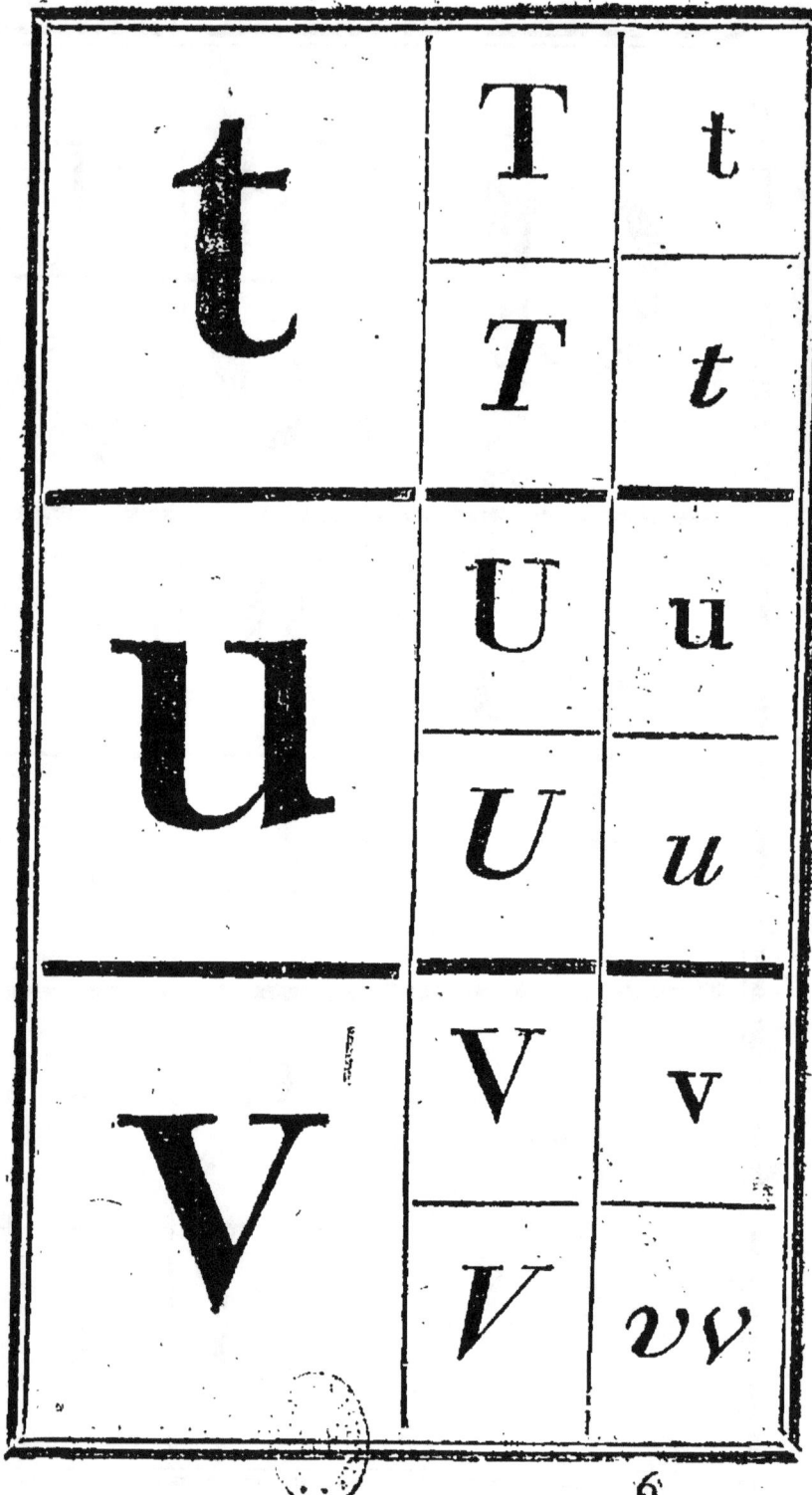

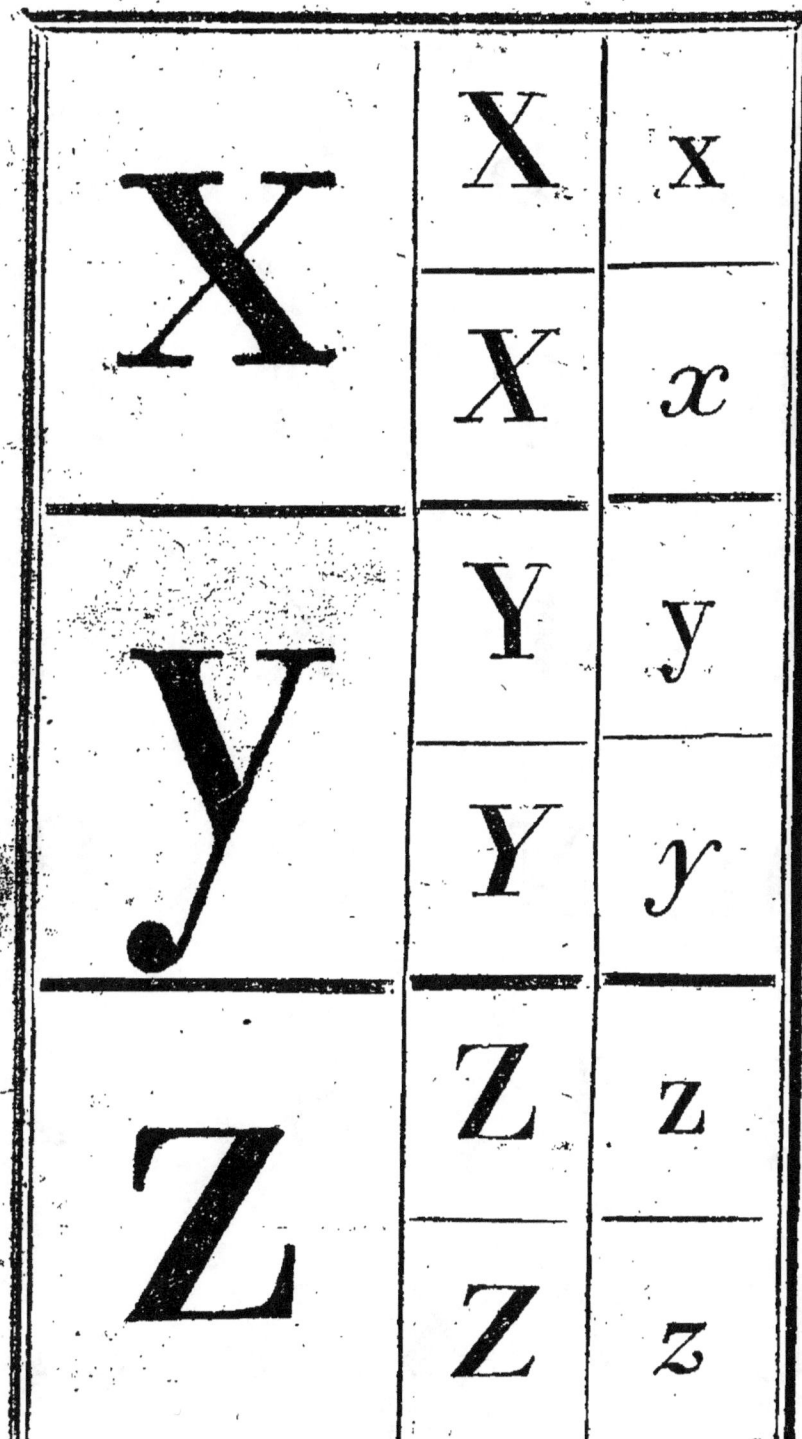

A B C D

E F G H

I J K L

M N O P

Q R S T

U V X Y Z.

(14)

A B C D

E F G H

I J K L

M N O P

Q R S T

U V X Y Z.

A B C D

E F G H

I J K L

M N O P

Q R S T

U V X Y Z.

Les Voyelles.

A	a	*a*	O	o	*o*
E	e	*e*	U	u	*u*
I	i	*i* ou	Y	y	*y*

Les Consonnes.

B	b	*b*	F	f	*f*
C	c	*c*	G	g	*g*
D	d	*d*	H	h	*h*

J	j	*j*	Q	q	*q*
K	k	*k*	R	r	*r*
L	l	*l*	S	s	*s*
M	m	*m*	T	t	*t*
N	n	*ñ*	V	v	*v*
P	p	*p*	X	x	*x*
			Z	z	*z.*

Alphabet interverti.

Z	z	*z*	Q	q	*q*	I	i	*i*
Y	y	*y*	P	p	*p*	H	h	*h*
X	x	*x*	O	o	*o*	G	g	*g*
V	v	*v*	N	n	*n*	F	f	*f*
U	u	*u*	M	m	*m*	E	e	*e*
T	t	*t*	L	l	*l*	D	d	*d*
S	s	*s*	K	k	*k*	C	c	*c*
R	r	*r*	J	j	*j*	B	b	*b*
			A	a	*a.*			

Syllabes de deux lettres.

La consonne en tête.

BA be *bi* BO bu
ca CE ci co CU
da *de* DI do *du*
FA fe *fi* FO fu
ga GE gi go GU
ha *he* HI ho *hu*
JA je *ji* JO ju
ka KE ki *ko* KU

la *le* LI lo *lu*

MA me *mi* MO mu

na NE ni *no* NU

pa *pe* PI po *pu*

QUA que *qui* QUO quu

ra RE ri *ro* RU

sa *se* SI so *su*

TA te *ti* TO tu

va VE vi *vo* VU

xa *xe* XI xo *xu*

ZA ze *zi* ZO zu

La voyelle en tête.

AB eb *ib* OB ub
ac EC ic oc UC
ad *ed* ID od *ud*
AF ef *if* OF uf
ag EG ig og UG
ah *eh* IH oh *uh*
AJ ej *ij* OJ uj
ak EK ik ok UK
al *el* IL ol *ul*

AM em *im* OM um

an EN in *on* UN

ap *ep* IP op *up*

AQ eq *iq* OQ uq

ar ER ir *or* UR

as *es* IS os *us*

AT et *it* OT ut

av EV iv *ov* UV

ax *ex* IX ox *ux*

AZ ez *iz* OZ uz

Syllabes de trois lettres.

Bla ble bli blo blu
Bra bre bri bro bru
Cha che chi cho chu
Cla cle cli clo clu
Cra cre cri cro cru
Dra dre dri dro dru
Fla fle fli flo flu
Fra fre fri fro fru
Gla gle gli glo glu
Gna gne gni gno gnu
Gra gre gri gro gru
Gua gue gui guo guu

Kla	kle	kli	klo	klu
Kna	*kne*	*kni*	*kno*	*knu*
Kra	kre	kri	kro	kru
Pha	*phe*	*phi*	*pho*	*phu*
Pla	ple	pli	plo	plu
Pra	*pre*	*pri*	*pro*	*pru*
Rha	rhe	rhi	rho	rhu
Sca	*sce*	*sci*	*sco*	*scu*
Sta	ste	sti	sto	stu
Tha	*the*	*thi*	*tho*	*thu*
Tla	tle	tli	tlo	tlu
Tra	*tre*	*tri*	*tro*	*tru*
Vla	vle	vli	vlo	vlu
Vra	*vre*	*vri*	*vro*	*vru*

Syllabes de quatre lettres.

Chla chle chli chlo chlu
Chna chne chni chno chnu
Chra chre chri chro chru
Khla khle khli khlo khlu
Khna khne khni khno khnu
Khra khre khri khro khru
Phla phle phli phlo phlu
Phna phne phni phno phnu
Phra phre phri phro phru
Squa sque squi squo squu
Thla thle thli thlo thlu
Thna thne thni thno thnu
Thra thre thri thro thru

DIPHTHONGUES

Ou son unique de plusieurs voyelles.

æ	*œ*
ai	*ai*
au	*au*
ei	*ei*
eu	*eu*
ey	*ey*
œ	*œ*
oi	*oi*
ou	*ou*
oy	*oy*
aou	*aou*
eau	*eau*
eou	*eou*

SYLLABES NAZALES

Ou qui se prononcent un peu du nez.

an	*an*
en	*en*
in	*in*
on	*on*
un	*un*
aim	*aim*
ain	*ein*
aon	*aon*
ein	*ein*
eun	*eun*
oin	*oin*
ouin	*ouin*

Mots d'une syllabe.

Simples.	Diphthongues.	Nazales.
as	air	an
bal	biais	bon
cor	cœur	cent
dos	dais	daim
eh !	eau	en
fat	foi	fond
grec	grais	gant
hors	»	hein ?
il	»	»
jet	jeu	Jean
lot	loup	lent
mal	moi	main

nez	nœud	nom
or	oui	oint
pas	pied	pont
que	quoi	quand
riz	roi	rien
sot	soir	sang
turc	toit	tan
ut	»	un
vol	veau	vin
»	yeux	»

Mots de deux syllabes.

Ac - tif	Moi - neau
Bil - let	Na - nan
Ca - lin	Om - bre
Do - do	Pa - pa
E - cu	Quil - le
Fa - tal	Ra - bot
Gi - got	Sou - lier
Hom - me	Tou - tou
I - ci	U - trecht
Jou - jou	Vi - vres
Ka - bris (*)	Xan - the
Li - vre	Zi - zi

(*) Nom propre de l'homme tatoué que l'on faisait voir au Palais-Royal en 1817.

Mots de trois syllabes.

Ac-ti-on
Ba-bil-lard
Ca-pri-ce
Da-go-bert
Em-bar-ras
Faus-sai-re
Gen-dar-me
Her-ba-ge
I-voi-re
Jo-cris-se
Lou-an-ge
Ma-ter-nel

Ni-co-las
Ou-ra-gan
Pa-res-se
Qui-con-que
Ra-tu-re
Si-len-ce
Tein-tu-rier
U-sa-ge
Vi-o-lon
Xan-tip-pe
Y-ve-tot
Zo-py-re

Mots de quatre syllabes et plus.

Ca - bri - o - let

Vi - o - len - ce

Ins - ti - tu - teur

A - ba - sour - dir

In - gra - ti - tu - de

In - at - ten - ti - on

Pa - tri - mo - ni - al

Sa - cri - fi - ca - teur

Ma - li - ci - eu - se - ment

In - com - pa - ra - ble - ment

Mo - no - syl - la - bi - que

Cons - ci - en - ci - eu - se - ment

SIGNES ORTHOGRAPHIQUES.

Ponctuation.

Virgule (,). Point et virgule (;).

Deux points (:). Un point (.).

Point d'exclamation (!).

Point d'interrogation (?).

Trait d'union (-).

Trait de séparation (—).

Guillemets (« »). Parenthèses ( ).

Accens.

Aigu (′). Grave (`).
Circonflexe (^).

———

Apostrophe (').
Tréma (¨). Cédille (ç).

Petites phrases à épeler (*).

Ju les s'est pro me né hi er, l'a près-mi di, à la cam pa gne; il y a ren con tré un de ses maî tres, qui lui a dit : « S'il fait beau de main, vien drez-vous en co re i ci ? — Oui, sans dou te ! (a ré pon du Ju les). »

Il a fait bien froid le jour de Noël, et je con nais une pe ti te fil le qui a re çu u ne bon ne le çon ce jour-là.

Son pa pa lui a vait dé fen du d'al ler au jar din, à cau se du ver glas : el le a dé so béi, et dès les premiers pas el le est tom bée ; s'il lui ar ri ve d'y re tour ner, el le con sent qu'on la pu nis se ri gou reu se ment.

(*) Il faut avoir soin de faire reconnaître par l'enfant les divers signes qui divisent ces phrases.

Je n'ai pas vu depuis bien long-temps mon petit cousin, (qui est plus grand que moi, s'il vous plaît) : s'il venait, il me ferait plaisir; car je l'aime beaucoup. Eh! n'aurais-je pas en effet tort de le haïr? Il est si aimable avec moi! Toutes les fois qu'il vient nous voir, il m'apporte des bonbons ou des joujoux.

J'ai été une fois bien embarrassé! Ce jour-là, il n'avait rien apporté : « Viens avec moi (me dit-il), tu choisiras ce que tu voudras, des joujoux ou des bonbons. — Oh! mon cousin (répondis-je), vous avez bien de la bonté. — Il ne s'agit pas de ça; je veux que tu prennes à ton goût. »

Après un petit moment d'hési ta tion, j'ai choisi les dra gées : eh bien ! Ma man a dit : « Voi là de la gour man dise ! »

J'ai bien vu que Ma man n'a vait pas tout à fait tort, car je n'ai pas plu tôt eu les bon-bons qu'ils ont été man gés ; au lieu que les jou joux me se raient res tés pour m'a mu ser au moins un peu de temps.

On né me re pro che ra pas (du moins je l'es pè re) d'ê tre un pa res seux com me beau-coup d'en fans que je pour rais nom mer, si ce n'é tait pas un vi lain dé faut de rap por ter con tre ses pe tits ca ma ra des : on n'a pas de pei ne à me fai re pren dre mon li vre pour é tu-dier, et dé jà je lis pres que cou ram ment jus qu'à cet te page; aussi m'a-t-on bien promis de me récompenser.

Dès que je ne ferai plus de fautes, on me mettra sous les yeux la *Ménagerie Savante*, où l'on m'a dit que je trouverai des animaux bien instruits et bien aimables!!

Dis donc, Maman, est-ce qu'il ne te semble pas que j'épelle mieux aujourd'hui que ces jours passés? Je lis dans tes regards que tu n'es pas trop mécontente; je me flatte donc de voir demain cette fameuse Ménagerie, et d'en commencer l'explication.

LA MÉNAGERIE
SAVANTE.

Les animaux eux-mêmes sont susceptibles d'instruction : quelle honte pour un enfant qui ne voudrait rien apprendre ! ! !

ENFANS !

Les images de ce livre vous semblent bien jolies, quoique vous ne puissiez pas encore par vous-mêmes vous rendre compte de ce qu'elles représentent : surmontez avec courage quelques légères difficultés que je cherche moi-même à vous rendre moins pénibles ; vous épelerez d'abord, puis vous lirez couramment l'histoire de tous les animaux dont se compose notre *Ménagerie Savante*.

A. *L'Ane et les Chiens Savans.*

Commençons par le frontispice; mais sans faire trop d'attention au lieu de la scène (la Porte-St.-Martin, dont le voisinage va se garnir amplement de jeunes spectateurs attirés par le roulement que fait entendre cette bonne femme), sans même nous occuper, pour le moment, du vieillard aveugle et infirme, qui paraît être le directeur de toute la troupe, arrêtons nos regards sur l'*Ane Savant*. Ce chapeau de femme ne le coiffe-t-il pas d'une façon tout élégante? Il vient de sauter pour la compagnie, et d'accueillir avec des ruades la demande d'argent que lui faisait son maître. Le voilà qui fait le tour du cercle formé par les curieux. Savez-vous ce qu'il y cherche? *Un paresseux.* Il tourne bien long-temps; n'y en aurait-il point dans l'assemblée? Oh! que ces enfans-là seraient aimables! Comme leurs parens les récompenseraient, les caresseraient!!! Tandis que *Jeannot* s'occupe de cette recherche inutile, voyez à présent les chiens habillés qui dansent, qui passent au travers du cercle, etc., etc.

Le pauvre homme tend déjà son chapeau; il va recevoir des bons petits enfans qui l'entourent, une partie et peut-être la totalité de l'argent destiné à leurs menus plaisirs; et ne croyez pas qu'il en achète uniquement des vivres pour lui et ses deux compagnes d'infortune. Il commencera par se procurer de quoi nourrir les utiles animaux dont le travail pourvoit à sa subsistance.

B *Baba, Eléphant de MM. Franconi.*

Oh! oh! nous voici tout à coup transportés dans le cirque de MM. Franconi. Ceux d'entre-vous qui ont été voir ces célèbres écuyers, reconnaîtront sans peine la salle, son rideau d'avant-scène et jusqu'à une partie de ses loges. Voilà, au milieu de l'arène, l'éléphant Baba. Qui croirait, à voir cette masse énorme de chair, cette peau épaisse et ridée, qu'il ait été possible d'instruire un animal aussi pesant? Eh bien! il est un de ceux dont l'intelligence naturelle seconde le mieux la patience de ses maîtres. Vous le voyez enfoncer des clous avec un marteau dans cette planche; sa trompe va lui servir ensuite à les arracher avec autant d'adresse que le ferait, au moyen de ses tenailles, un habile menuisier.

Cette même trompe lui sert à bien d'autres usages; elle saisit adroitement les plus petits objets, débouche une bouteille de vin de Champagne, lâche la détente d'un pistolet, défait les nœuds les plus serrés, etc., etc.; et tout cela au commandement de son maître, sans hésiter, sans se tromper d'objet.

Connaissez-vous beaucoup d'enfans qui égalent Baba pour l'obéissance et le raisonnement?

Le Cerf de Tivoli.

C'EST encore ici un élève des sieurs Franconi. Ce cerf que vous voyez faire *son ascension*, comme l'un des plus fameux *Danseurs de Corde*, est de l'espèce d'animaux la plus difficile à apprivoiser. Habitué à vivre au fond des bois, le *Cerf*, jusqu'à ce moment, n'avait connu l'homme que comme un persécuteur dont son instinct lui apprenait à fuir la présence. MM. Franconi ont instruit celui-ci, et plusieurs de ses semblables; ils en ont un qui, avec une *biche*, JOUE SON RÔLE dans les pantomimes que ces messieurs représentent. Un autre sert chez eux de cheval, ne s'effraye point d'un coup de pistolet tiré entre ses bois, d'un feu d'artifice dont il se trouve enveloppé, etc., etc. On en a vu un autre s'élever en ballon dans les airs, avec son cavalier. Tous ces exemples prouvent que pour former des élèves quelconques, il ne faut que de la patience d'un côté, et de la bonne volonté de l'autre.

~~~~~~~~~~~~~~~~~~~~~~~~~~~

D *Dindons dansans.*

Voila un singulier spectacle, qui a quelque temps couru les foires. Ce sont, comme vous le voyez, des poules d'Inde dansant en mesure ; mais ne vous laissez pas prendre à l'apparence, comme le firent dans le temps bon nombre de spectateurs. Ces *Dindons* n'étaient que de faux savans, dont tout le talent consistait dans l'industrie de leur directeur.

Celui-ci avait fait construire en tôle le plancher de son théâtre ; il allumait dessous un bon feu, dont l'ardeur pénétrant au travers de la tôle, brûlait les pattes de ces pauvres bêtes, et les forçait à sautiller, comme vous le voyez. Le public, qui riait de leurs contorsions, se serait moins amusé, s'il eût su ce qu'il en coûtait à ces malheureux acteurs.

E *Ecureuil apprivoisé.*

Oh! le joli petit écureuil! avec quelle grâce il mange son dessert sur ce balcon! mais ses talens ne se bornent pas à cela : il tourne vivement dans sa cage, construite à cet effet; il se cache dans la poche de monsieur, caresse madame, et fait tant de singeries, que sa maîtresse en raffole.

F *Faraud, Chat de Polichinelle.*

La drôle de petite maison! cinq à six bâtons et de mauvaises tapisseries la composent; mais elle est bien assez solide pour ceux qui l'habitent, puisque c'est tout simplement le théâtre de Polichinelle. Vous devez reconnaître celui-ci à ses deux grosses bosses. M. Polichinelle ne s'avise-t il pas d'agacer ce pauvre *Faraud*, qui, attaché par un collier, se tenait si tranquille sur le bord de la balustrade? Voilà *Faraud* qui se fache, qui joue de la griffe, et suit tous les mouvemens de son agresseur; il a été dressé à cet exercice, pour animer un peu le spectacle. Quand la séance va finir, la marionnette rentrera dans sa boîte, le pauvre minet reprendra sa place, et dormira jusqu'à ce qu'une nouvelle représentation l'oblige à déployer de nouveau ses talens, à la grande satisfaction des jeunes amateurs qui le viennent visiter.

∿∿∿∿∿∿∿∿∿∿∿∿

G *Le Général Jacquot.*

Il y a long-temps qu'il travaille ce brave *Général Jacquot*, et il est peu d'enfans qui ne le connaissent, tant à Paris que dans les autres villes, où son maître le conduit, à l'époque des foires et des fêtes annuelles. Il est donc presqu'inutile de dire ici que ce fameux *Général* est un singe de moyenne espèce, que l'on habille en militaire,

Hannetons spadassins. | Ihi, tireur de Cartes.

Jument coquette.

Karabo, Lièvre-tambour.

avec perruque et chapeau à cornes ;
que l'on rase et qui mange avidement le fruit qui lui sert de savonnette ;
qui *cause* avec son maître, le caresse,
se fâche et lui fait la grimace, selon
la manière dont on lui parle. Il fait encore l'exercice avec un sabre et un petit fusil ; montre son passeport, joue
aux cartes, et termine tous ses exercices par la voltige sur la corde. Parmi
les animaux savans, il en est peu
d'aussi récréatifs.

H *Hannetons spadassins.*

Qui sont ces petits personnages qui
tiennent si peu de place sur le devant
de cette boutique, où ils paraissent
comme enchaînés ? Leur pantomime
est assez expressive. Deux d'entre eux
armés d'épées, qui ne sont que des
aiguilles extrêmement fines, espadonnent avec une grâce comparable à celle
de nos plus habiles maîtres en fait
d'armes, tandis que l'autre, vêtu en

femme, porte un mouchoir à ses yeux. Il faut y regarder de bien près pour voir que ce sont des *Hannetons*; oui, des hannetons véritables. On a très-adroitement profité du mouvement naturel de leurs pattes, pour leur donner, à l'aide d'un déguisement burlesque, l'apparence de deux Spadassins, et d'une vieille femme réduite au désespoir.

Ihi, ou le petit Tireur de Cartes.

On voit sur les places publiques une foule de tireurs de cartes, toujours prêts à abuser de la crédulité des esprits faibles ; mais on n'en rencontre guère de l'espèce de celui-ci. C'est tout bonnement un cochon d'Inde : son maître, qui lui a donné le nom de *Ihi*, par imitation du petit cri qu'il fait entendre, l'a habitué à se laisser escamoter sous un gobelet, à courir le long d'un bâton, pour se réfugier dans une de ses poches, et à tirer au hasard d'un jeu entier, une carte dans laquelle de bonnes gens voient l'oracle de leur destinée. On ne sait lequel est le plus comique de leur confiance ridicule, ou de la gravité avec laquelle *Ihi* leur apporte, à belles dents, la carte dont ils font sottement dépendre leur bonheur à venir.

J *La Jument Coquette.*

Cette jument est encore un des chefs-d'œuvre de MM. Franconi. Elle se distingue, non-seulement par la grâce de son allure, mais encore par une infinité de traits d'obéissance vraiment remarquables. Celui-ci n'en est pas un des moins extraordinaires. Son maître, qui a jeté son fouet dans l'arène, lui ordonne de le rapporter : aussi soumise que le caniche le mieux dressé, elle le ramasse. Cependant M. Franconi s'est armé de deux pistolets, chargés seulement à poudre, qu'il tire sur elle à mesure qu'elle approche, sans que pour cela elle paraisse effrayée le moins du monde. Enfin, elle lui rend le fouet; et des caresses bien méritées sont le prix de son intrépidité.

Vous sentez bien que la *Jument Coquette* n'est pas le seul animal de cette espèce dressé par MM. Franconi; ils viennent entre autres d'élever un cheval qu'ils appellent le *Gastronome*, parce qu'il se met à table, mange et boit à la santé des spectateurs avec autant de dextérité que le pourrait faire le plus joyeux convive.

Je ne vous parle pas des autres chevaux; si vous continuez à bien lire, nous irons les voir incessamment.

~~~~~~~~~~~~~~~~

K *Karabo, ou le Lièvre tambour.*

J'AI vu, l'autre jour, je ne sais plus quel petit garçon, qui s'effrayait d'un rien : son papa lui reprochait d'être *poltron comme un Lièvre.* A coup sûr ce papa-là ne connaissait pas notre

Lionne de mer.

Munito.

Nina. | Ours dansant.

ami *Karabo*. Il est vrai que *Karabo* fait ce que ne feraient pas beaucoup de ses pareils. Voyez-vous ces dés, ces cartes, ce tambour sur cette table ? c'est avec cela qu'il s'exerce. Il bat la caisse comme un tambour de la garde ; il connaît les cartes et les dés, dont il désigne la valeur par autant de coups frappés sur la peau d'âne ; mais son chef-d'œuvre est le coup de pistolet qu'il fait partir lui-même avec un courage vraiment héroïque de la part d'un *Lièvre*.

~~~~~~~~~~~~~~~~~~~~~

L *La Lionne de mer.*

NE vous imagineriez-vous pas voir dans ce bassin un véritable factionnaire sous les armes ? Ce n'est pourtant qu'un poisson de mer, du genre des phoques ou veaux marins ; mais les gens qui l'ont élevé ont trouvé plus noble de l'appeler la *Lionne de mer*. Voilà cette *Lionne* avec son bâton qu'elle porte en guise de fusil. Au signal de son maître, elle le lui remettra, fera des évolutions à droite et à gauche, viendra le baiser et saluera la compagnie, qui ne se lasse pas d'admirer son intelligence.

M *Munito.*

Approchez, enfans que la lecture ennuie, que les calculs effrayent. Voyez cet arithméticien d'une nouvelle espèce, faire une règle avec autant de précision et d'assurance que l'homme le plus exercé. Ce n'est pourtant qu'un chien ! *Munito* ne borne pas là ses talens ; il forme, avec des lettres dessinées sur des cartons, le mot qu'on lui désigne, rapporte les cartes qu'on lui demande, distingue la couleur des habits, et gagne, aux dominos, un joueur de première force. Voilà bien des talens pour un simple caniche !

N *Nina, ou la jolie Perruche.*

Oui, cette petite *Perruche* est bien jolie. On l'appelle *Nina*, du nom du vaisseau sur lequel l'a rapportée un oncle, qui, en arrivant des îles, a trouvé sa petite nièce tellement aimable et sage, qu'il lui a, sur-le-champ, donné ce bel oiseau. Vous ne lui voyez exécuter dans cette gravure qu'une action purement animale. Si ce papier pouvait la rendre telle qu'elle est, vous l'entendriez dire, d'un ton charmant : « Baisez ! baisez ! ! *Nina* vous aime, parce que vous êtes docile et que vous apprenez bien à lire. »

O *Ours dansant.*

Quand il reçut l'existence au milieu des forêts, cet *Ours* était loin de s'attendre à venir récréer les habitans des villes par sa *danse* grotesque. Le voilà cependant en petit-maître, avec le chapeau sur l'oreille, et formant des pas au son de la cornemuse. S'il s'avisait de *retourner au pays* avec ce costume, ses *proches* n'auraient garde de le reconnaître; peut-être même lui feraient-ils une réception bien différente de celle que ses talens lui méritent de la part de la folâtre jeunesse qui l'environne.

~~~~~~~~~~~~~~~~~~~~~~

P *Les Puces travailleuses.*

PETITE, va me chercher ma loupe, je t'en prie; nous en aurons besoin pour distinguer le mécanisme qui fait mouvoir ce boulet, ce petit canon, qui paraissent traînés par ces chaînes si longues, si déliées. Dieu me pardonne! ce sont des insectes qui, en sautillant, viennent à bout d'emporter des objets si pesans pour eux. Et quels insectes! tiens, Médor nous en fournira tant que nous en voudrons : reste à savoir si nous aurons le talent de les instruire comme les *travailleuses* que nous avons sous les yeux.

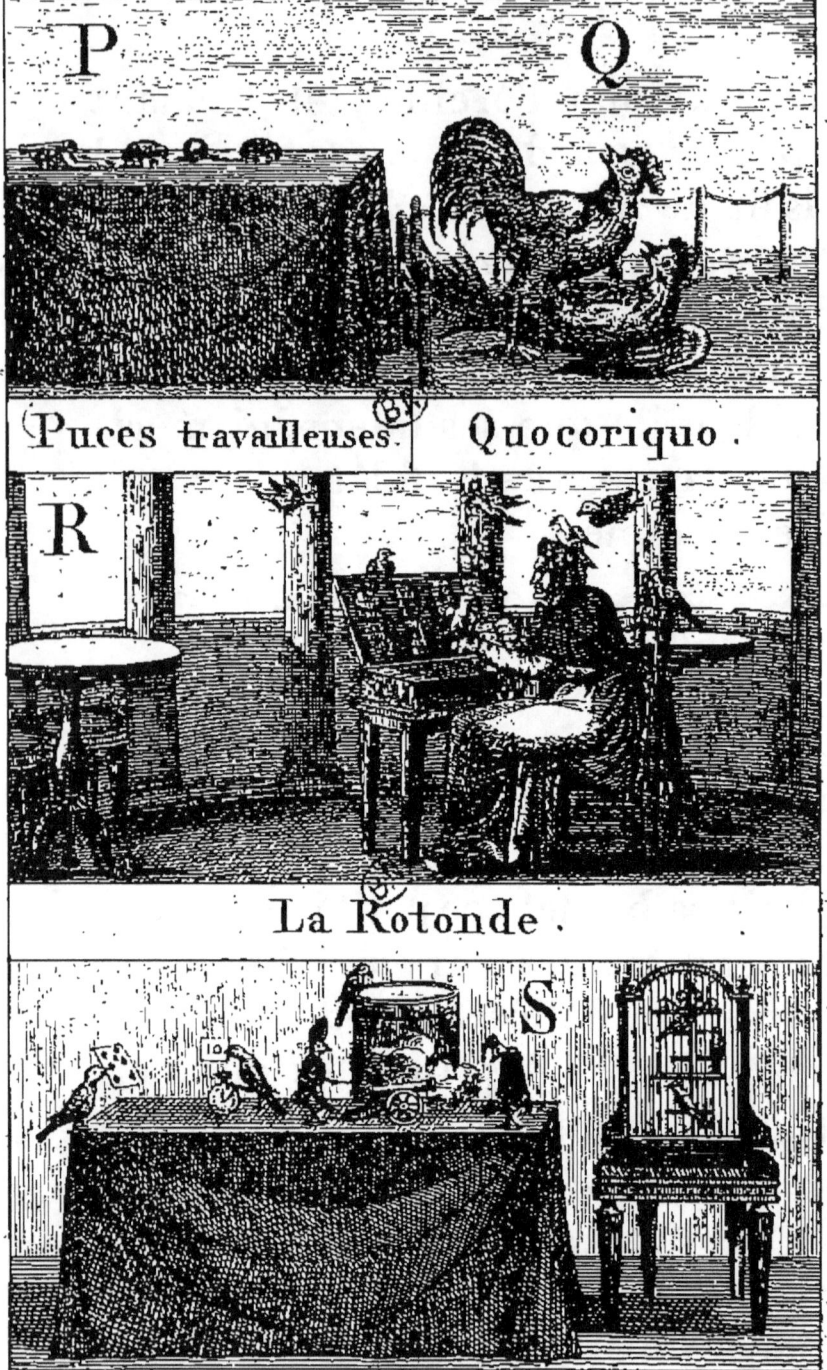

Puces travailleuses. Quocoriquo.

La Rotonde.

Serins incomparables.

Q *Quocoriquo.*

Quocoriquo et *Goddem*, dont cette gravure vous représente le combat, sont deux coqs, de nations différentes, que les troupes alliées, cantonnées en France, ont, par plaisir, fait battre l'un contre l'autre, au commencement de l'an dix-huit cent dix-sept. Le premier appartient à un fermier des environs de Cambray ; son adversaire a été, avec plusieurs autres, envoyé d'Angleterre, où ces barbares combats sont un des amusemens chéris du peuple. Le fermier, connaissant la vigueur et la méchanceté de *Quocoriquo*, l'exerça pendant plusieurs jours avec des éperons de fer, semblables à ceux dont on arme, dans la Grande-Bretagne, les pattes de ces animaux ; il demanda ensuite la permission d'apporter son coq dans l'arène, et de l'opposer à celui qui aurait vaincu tous les autres. Vous voyez que le succès répond à son attente. Les deux coqs ont vaillamment disputé la victoire; mais le Français a fini par battre l'Anglais. Ce n'est pas la première fois, dit-on, ce ne sera peut-être pas la dernière.

~~~~~~~~~~~~~~~~~

R *La Rotonde.*

Connaissez-vous la rotonde du Palais-Royal ? Bien des enfans dans Paris l'ont vue ; mais en été, par le beau temps : elle était pleine de gens qui prenaient du café, des glaces, des liqueurs. C'est en hiver qu'il faut la visiter, quand le froid force les consommateurs à se renfermer dans le café voisin ; elle sert alors de refuge à une bonne femme qui loue des journaux aux curieux ; mais, comme vous le voyez, elle n'y reste pas seule. Ces moineaux, qui voltigent autour d'elle, sont ses petits amis nourris par elle. Dans une saison où ils ne trouvent pas facilement de quoi vivre, ils lui témoignent leur reconnaissance par cette douce familiarité.

S *Les Serins incomparables.*

Voilà des *Serins* qui méritent bien le nom de *merveilleux* que leur a donné leur instituteur, M. Demmenie. Il est presque impossible, à moins de les avoir vus, de se figurer à quel point sont instruits ces petits animaux. Vous voyez bien leur cage, là-bas ; eh bien ! ils n'en sortent et n'y rentrent que par le commandement exprès de leur maître. En voilà un qui, sans témoigner le moindre effroi, se tient perché sur la caisse même, tandis qu'on la bat ; ceux-ci prennent toutes sortes de postures plus difficiles les unes que les autres ; ceux-là s'assemblent en conseil de guerre pour juger un déserteur, sur lequel son camarade tire un coup de canon. Le déserteur alors fait le mort, est ramassé sur la brouette que voilà, emporté par le petit brouetteur, et jeté à la voirie, où il reste jusqu'à ce qu'on lui permette de ressusciter. C'est un spectacle d'autant plus joli pour des enfans, que ces petits oiseaux n'éprouvent dans le fait aucune souffrance. Ne seriez-vous pas satisfaits de les voir en réalité? Appliquez-vous de plus en plus à la lecture, et.... vous n'aurez pas lieu de vous en repentir.

~~~~~~~~~~~~~~~~

T   *Titine et ses Compagnes.*

Un *château fort*, avec une *galerie couverte*, qui donne accès à l'étage supérieur! Voyons un peu quels en sont les habitans. C'est mademoiselle *Titine* avec *ses compagnes*, souris comme elle. Il y en a beaucoup dans la *salle basse*; on voit même quelques moineaux francs mêlés parmi elles; mais dans la troupe, il n'y a que trois travailleuses auxquelles *Titine* préside. Ce que j'admire en elles, n'est pas tant leur travail qui consiste à monter dans cette galerie, à faire le moulinet dans

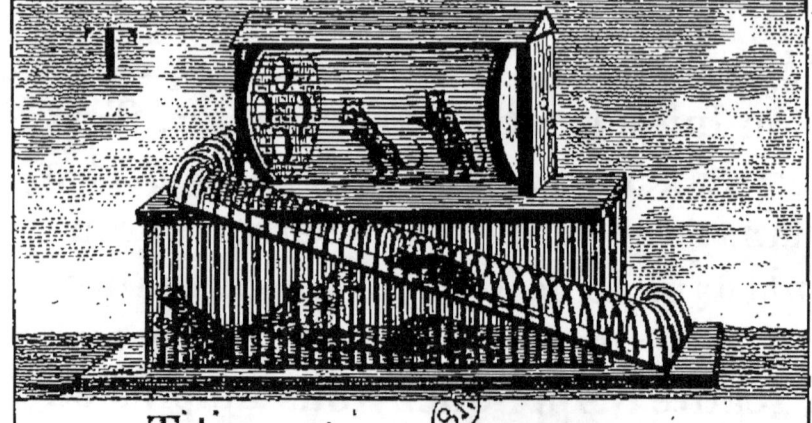

Titine, et ses compagnes.

Unique, ou le Pigeon messager.

Verrat anglais.

cette roue ; c'est l'obéissance précise qu'elles déploient pour aller ou venir tour à tour au choix de leur maître. Oh ! sur ce point, elles en remontreraient à bien des enfans !

U *Unique, ou le Messager du Prisonnier.*

Ne vous intéressez-vous pas comme moi, mes amis, au voyage de ce joli pigeon ? Il va porter cette lettre à la famille de son maître. Celui-ci l'a nommé *Unique*, pour prix de son exactitude à le servir dans sa correspondance, seule consolation dont jouisse l'infortuné dans la tour où il gémit prisonnier. Il y attend une réponse que le fidèle *messager* viendra lui remettre, si des méchans ne s'opposent pas à son retour. Puisse-t-il revenir sans accident !!

V *Le Verrat anglais.*

Voici un *savant étranger*. Il n'en

5

sera sans doute pas moins bien accueilli dans la France, asile-né des beaux-arts. Il est, à la vérité, d'une espèce qui rarement se présente en bonne compagnie; mais quoique *Verrat*, ou cochon (pour employer un terme plus connu), cet anglais-là mérite d'être distingué, si, comme l'assurent les journaux de son pays, il est le digne rival de notre Munito. Aussi le graveur a-t-il eu l'attention de l'entourer de tous les attributs de son savoir, et le scrupule d'y joindre un *gentleman* faisant gravement avec lui la fine partie de dominos.

~~~~~~~~~~~~~~~~~

X. *Xixi, ou le Chien du Joueur d'Orgues.*

Vous savez assurément ce que c'est qu'un *Orgue de Barbarie*, qu'en raison de sa grosseur, les mauvais plaisans appellent aussi *serinette à poulet d'Inde*. Cet instrument est d'ordinaire le *gagne-pain* de deux personnes, qui tour à tour chantent et font la quête

Xixi, Chien du Joueur d'Orgue.

Youpa, ou la Marmotte.

Zuhuhu, Serpent familier.

dans les rangs des amateurs qu'il a rassemblés. Aussi, étonnés de ne voir ici que l'homme qui fait jouer la manivelle, vous pensez peut-être qu'il fait mal ses affaires. Détrompez-vous ; le chien que voilà est pour lui un camarade actif et intelligent. *Xixi*, non-seulement ramasse et rapporte les pièces de monnaie, mais encore il les fait pleuvoir en abondance par la manière dont il semble les demander sous les croisées où il aperçoit des spectateurs.

Youpa, ou la Marmotte de Léonard.

Ah ! voulez-vous voir la Marmotte,
La Marmotte envie ?

Telle est la chanson du petit Léonard, récemment venu des montagnes de la Savoie, avec sa marmotte, qu'il a instruite en route et nommée *Youpa*. Il chante et danse avec elle, et termine la séance par la faire sauter pour la compagnie, qui récompense son zèle par le don de quelques pièces de monnaie.

~~~~~~~~~~~~~~~~

Z *Zuhuhu, ou le Serpent familier.*

Vous frémissez, mes enfans, à l'aspect de ce reptile, enveloppant de ses replis tortueux cette petite fille qui vous paraît si jolie et si peu émue ; mais rassurez-vous ; elle a presque, au moment de sa naissance, enlevé *Zuhuhu* du trou qui lui servit de berceau, et depuis ce moment, à force de soins et de caresses, elle est parvenue à l'apprivoiser au point que vous voyez. Au lieu de la mordre et de la fuir, cet animal, ordinairement si farouche, vient à sa voix, la baise, mange dans sa bouche et lui forme un collier d'une manière aussi récréative que nouvelle.

———

ÉDOUARD,

ou

LA TÊTE POINTUE.

Il était une fois un petit garçon de quatre ans, nommé Edouard, qui assez gentil, assez raisonnable pour son âge, pendant tout le cours de la journée, donnait à son papa, toutes les nuits, un grave sujet de mécontentement. A son réveil, on le trouvait pénétré d'une humidité qu'il aurait bien voulu faire passer pour ce qu'elle n'était pas, mais dont il avouait humblement la cause, tant on l'avait habitué à fuir le mensonge. Prières, soins, menaces, remontrances, punitions, rien n'y faisait, et l'on était au moment de l'envoyer à l'hôpital, comme un enfant incorrigible, quand on crut découvrir enfin l'origine de cet inconcevable défaut.

Lorsque par hasard on racontait en présence d'Edouard quelqu'aventure extraordinaire, quelque histoire de voleurs, cet enfant, que l'on croyait bien occupé de ses joujoux, attachait furtivement ses regards sur le conteur, et semblait épier ses paroles. Son papa remarqua un jour ce manége : « Edouard, lui dit-il, joue donc : notre conversation ne te regarde pas. — Oh! je t'en prie, papa, laisse-moi vous écouter; et quand les voleurs viendront chez nous..... — C'est-à-dire, jamais. — On ne sait pas; ils sont bien entrés chez la dame dont vous parlez. Quand ils viendront donc, j'irai chercher ton grand sabre, et... (avec une émotion visible), je te le porterai pour que tu les tues tous, tous!!! »

On rit de la saillie; mais le papa fut frappé de la terrible impression que faisaient sur l'esprit de son fils ces histoires imprudemment racontées; il ne se borna pas à les proscrire désormais chez lui; il redoubla de surveillance, et reconnut en effet que, malgré la clarté de la veilleuse qui, la nuit, brûlait dans l'appartement, l'enfant y pensait malgré lui en s'éveillant, se cachait la tête sous les couvertures, et, dans cette position, s'oubliait au point que nous avons dit ci-dessus.

Une nuit, agité d'une terreur plus profonde, l'enfant poussa des sanglots qu'entendit son père, toujours aux aguets. « Qu'as-tu donc, mon fils? lui dit-il. — Rien, papa, répondit l'enfant, respirant à peine. — Mais encore? — C'est que j'ai vu une *tête pointue*. — Une tête...? — Oui, papa; et je la vois encore dans ce coin. — Eh bien! viens-la regarder de plus près. »

Le père alors se leva, prit dans ses bras le petit poltron, et le porta, malgré sa résistance, dans le recoin qu'il avait indiqué. « Vois, lui dit-il, ta prétendue *tête pointue*; elle se compose des plis que forment les collets de mon garrick, suspendu à ce porte-manteau! »

Edouard fut honteux de ses vaines terreurs; il fit mieux : par la suite, il s'en corrigea. Lorsque quelque chose l'effrayait la nuit, il pria, pendant un certain temps, son papa de l'accompagner jusqu'à l'objet de son effroi ; bientôt il alla tout seul le reconnaître, et le résultat de ces démarches courageuses, fut la disparition totale d'un défaut qui lui avait valu tant de réprimandes.

MARIE JASE-TROP.

C'est, surtout dans un enfant, un vilain défaut que le bavardage ; c'en est un autre non moins grave de se mêler, à tort à travers, dans une conversation où l'on n'est point admis.

La petite Aimée, âgée de plus de huit ans, était entichée de ces horribles défauts ; aussi toutes les personnes qui fréquentaient la maison trouvaient-elles son caractère insupportable : on ne le lui disait point en face, par égards pour madame sa mère, que l'on voyait sans cesse attentive à la corriger de cette sotte habitude ; mais on se regardait ; on levait les épaules, et si l'enfant eût voulu y faire un peu d'attention, elle eût sans peine remarqué la sensation fâcheuse que faisait toujours naître sa présence.

Enfin, une dame *très-comme il faut* vint un jour rendre visite à la maman d'Aimée. La petite qui festonnait dans un coin de l'appartement, ayant entendu l'étrangère parler d'une présentation qui avait eu lieu dernièrement à la Cour, s'écria : « Oh ! la Cour ! je l'ai vue lors de la dernière fête. Mon Dieu ! que c'était beau ! les dames avaient de superbes robes toutes d'or, et des panaches comme les chevaux du roi. — Vous avez vu tout cela, ma petite ? — Oui, madame. — J'en suis charmée.....; mais on ne vous le demandait pas. Comment vous appelez-ous ? — Aimée S.***, madame. — En tes-vous bien sûre ? — Très-sûre, malame. — C'est donc moi qui me trompe :

je croyais impossible que vous eussiez d'autres noms que ceux de *Marie Jase-Trop*.

L'histoire ne dit pas si cette raillerie, peut-être un peu directe, corrigea la petite fille.

LE FRÈRE ET LA SOEUR.

Julie et Charles avaient la mauvaise habitude de se quereller presque toujours, quoique leur maman ne cessât de leur dire que, s'ils continuaient, ils la rendraient malade.

Enfin elle eut une indisposition assez grave qu'ils attribuèrent à leurs fatigantes tracasseries. Aussitôt ils prirent la résolution de changer de caractère; et se corrigèrent si bien, que leur mère, rétablie en peu de jours, n'eut plus à leur adresser aucun reproche de cette nature.

Ainsi l'amour filial triompha de l'esprit de contradiction.

FABLES.

Les Métiers rivaux.

L'autre jour, entre un boulanger
Et son voisin le chaudronnier,
Survint une querelle vive :
Il s'agissait des droits, de la prérogative,
De l'honneur du métier.

On s'échauffait : lorsqu'un homme fort sage,
Qui, par hasard, passait au même instant,
Leur dit : « Eh ! mes amis, pourquoi tout ce tapage ?
Oubliez, croyez-moi, votre ressentiment :
L'homme à l'homme est nécessaire ;
Seul, tous ses efforts sont vains ;
Et chacun est tributaire
Des talens de ses voisins.
A vivre unis je vous invite ;
Car si l'un de vous, quand j'ai faim,
Pour ma soupe donne le pain,
L'autre me fournit la marmite. »

L'Essieu brisé.

Le son du cor, les coups de fouet, les cris :
Ohé ! ohé ! ohé ! ohé !!! avaient d'avance attiré tout le monde aux portes et aux fenêtres, dans l'unique rue d'un village que parcourait au grand galop une voiture enveloppée d'un tourbillon de

poussière qui la dérobait à tous les regards. « C'est l'équipage d'un seigneur, dit l'un. — D'un prince, reprend l'autre. — Du roi, peut-être, ajoute un troisième. » Tout à coup un des essieux *crie et se rompt*; la voiture renversée s'arrête; le nuage se dissipe : on voit..... la diligence, et personne dedans !

Ceux qui font le plus de bruit n'ont pas toujours le plus de mérite.

L'Amandier et le Poirier.

Un *Amandier*, voyant sur ses rameaux
    Des fleurs nouvelles et nombreuses,
    Par ces paroles outrageuses
Attaqua du *Poirier* le tranquille repos :
« Je suis, dit-il, déjà l'honneur de ce bocage;
Ma présence embellit les plus agrestes lieux;
Et toi, sans agrément, engourdi, paresseux,
Tu montres un bois sec, dégarni de feuillage... »
    Mais, tandis que cet imprudent
    S'exprime avec tant d'arrogance,
    Borée accourt, et brûle en un instant
Ces fleurs, de l'*Amandier* trop fragile ornement,
Et qui n'offraient encor des fruits qu'en espérance.

Redoutez un succès passager, mais flatteur,
Jeunesse aimable, et trop présomptueuse;
    La fleur précoce est rarement heureuse :
C'est pour avoir le fruit que l'on soigne la fleur.

Le Cerf-volant.

« De quoi me sert ce fil qui m'empêche de monter aussi haut que je le désire ? disait un cerf-volant qu'un enfant venait d'enlever dans la plaine. Sans lui, je fendrais la nue comme l'alouette légère. Malheureuse entrave ! Ah ! si je pouvais rompre ce lien honteux ! » Il dit, et profitant d'une brise qui s'élève à propos, donne une secousse violente qui lui rend la liberté. « Victoire ! s'écrie-t-il. » Mais à peine a-t-il prononcé ce mot, qu'incapable de se diriger seul dans les vastes régions de l'air, il tombe en tournoyant sur un buisson qui le met en lambeaux.

Ceci est une leçon pour vous, enfans qui prétendez voler de vos propres ailes : tant qu'un sage Mentor vous dirige dans vos études, vos succès sont dignes d'envie ; cherchez-vous à rompre ce joug utile, vous perdez avec lui tous les avantages qu'il avait su vous procurer.

L'Enfant et sa Poupée.

DANS une foire un jeune enfant,
   Promené par sa gouvernante,
   Contemplait d'un œil dévorant
Maint beau colifichet : tout lui plait, tout le tente ;
Il veut Polichinel, ensuite un porteur d'eau ;
Et puis il n'en veut plus. « Vous faut-il une épée ?
— Ah ! oui ; mais non : j'aime mieux ce berceau. »
   Il l'eût pris sans une poupée

Qui le séduisit de nouveau.
On la lui donne, en sautant il l'emporte ;
Chez la maman le voilà de retour.
Aux gens du logis tour à tour
Il fait baiser l'objet qui d'aise le transporte ;
Depuis le matin jusqu'au soir,
De chambre en chambre il la promène ;
Pour se coucher il la quitte avec peine,
Et s'endort, en pleurant, dans les bras de l'espoir.
En dormant il en rêve, et le jour lui ramène
Sa Mimi:«Qu'on l'apporte!»Eh! vite! il veut l'avoir.
Près de huit jours, avec exactitude,
Fanfan s'amusa de Catin :
Il paraissait content ; mais le petit coquin
De la possession se fit une habitude.
L'habitude et le froid se tiennent par la main ;
Le froid donc s'ensuivit et le dégoût enfin.

Les Échasses.

Aux approches de la nuit un villageois suivait une route droite, au travers d'une épaisse forêt. Il voit de très-loin venir à lui trois ou quatre *géants* qui marchaient à grands pas : « Je suis perdu, dit-il, si je ne me dérobe à leurs regards ! » Aussitôt il se cache dans le taillis, de manière cependant à ne pas perdre de vue ses géants. Ils approchent : c'étaient les enfans du seigneur du château, qui se promenaient montés sur des échasses.

Voyez de près les objets qui vous épouvantent, et vous rirez vous-mêmes de vos folles terreurs.

NOMS	CHIFFRES	
DES NOMBRES.	ARABES.	ROMAINS.
un	1	I
deux	2	II
trois	3	III
quatre	4	IV
cinq	5	V
six	6	VI
sept	7	VII
huit	8	VIII
neuf	9	IX
dix	10	X
onze	11	XI
douze	12	XII
treize	13	XIII
quatorze	14	XIIII *ou* XIV
quinze	15	XV
seize	16	XVI
dix-sept	17	XVII
dix-huit	18	XVIII
dix-neuf	19	XIX
vingt	20	XX
trente	30	XXX
quarante	40	XXXX *ou* LX
cinquante	50	L
soixante	60	LX
soixante-dix	70	LXX
quatre-vingts	80	LXXX
quatre-vingt-dix	90	XC
cent	100	C
cinq cents	500	D
mille	1000	M
mille huit cent dix-huit	1818	MDCCCXVIII.

www.ingramcontent.com/pod-product-compliance
Lightning Source LLC
LaVergne TN
LVHW052110090426
835512LV00035B/1483